18
3

JEAN GRATON
ILLUSTRE

l'Oncle Paul

1

12 HISTOIRES VRAIES
D'EXPLOITS ET DE DÉCOUVERTES

GRATON
EDITEUR

1487 CHAUSSÉE DE WATERLOO, B-1180 BRUXELLES

C'est en 1951 que Jean Graton débute dans la bande dessinée, en poussant par hasard la porte de la World Press, à Bruxelles. Cette agence abrite en fait le bureau de dessin du journal Spirou. Jean-Michel Charlier repère immédiatement le talent du jeune Nantais qui, dès le premier jour, illustre "Les belles histoires de l'oncle Paul" aux côtés de Victor Hubinon, Dino Attanasio, Eddy Paape. Bien des dessinateurs feront leurs premières armes sur cette série imaginée par Georges Troisfontaine et souvent scénarisée par Octave Joly.

Avec l'aide du Centre belge de la bande dessinée, le Studio Graton a retrouvé la totalité des "Oncle Paul" illustrés par Jean Graton. Les originaux, vieux d'un demi-siècle, ont été restaurés et chaque histoire entièrement recoloriée. Un travail de bénédictin qui redonne vie et éclat à 144 pages de légende de la bande dessinée, à paraître en trois tomes. En voici le premier. Bonne lecture à tous!

Récits complets parus dans l'hebdomadaire "Spirou" entre 1951 et 1953. Dessins Jean Graton.
Scénarios de Octave Joly (récits 1 à 4, 6 à 10 et 12), Dino Attanasio (récits 5 et 11). Recoloriage: Robert Paquet.
 Imprimé en Belgique.
D/2004/3640/10- ISBN 2-87098-073-6

DANS CET ALBUM

***

ECHEC AU FEU DU CIEL

MAIS IL FALLUT ATTENDRE QUE LES HOMMES AIENT QUELQUES NOTIONS SUR L'ÉLECTRICITÉ POUR QU'EN 1750, À PHILADELPHIE, UN AMÉRICAIN NOMMÉ FRANKLIN...
CETTE ÉTINCELLE RESSEMBLE EN PLUS PETIT À L'ÉCLAIR DE LA FOUDRE!...
Y AURAIT-IL DE L'ÉLECTRICITÉ DANS L'AIR?... LES NUAGES ORAGEUX N'EN SERAIENT-ILS PAS CHARGÉS?
VOIS, MON FILS COMME C'EST CURIEUX. J'AI ÉLECTRISÉ CE TUBE AVEC MA MACHINE ET CETTE POINTE A LE POUVOIR DE FAIRE DISPARAÎTRE EN UN INSTANT TOUTE L'ÉLECTRICITÉ DE LA SURFACE DE CE TUBE!...
...UNE TELLE POINTE DRESSÉE VERS LE CIEL POURRAIT DONC DÉCHARGER LES NUAGES DE LEUR FOUDRE SI CELLE-CI EST RÉELLEMENT UN PHÉNOMÈNE ÉLECTRIQUE. ENVOYONS CES IDÉES À LA SOCIÉTÉ ROYALE DE LONDRES!...
2A
...POUR PRÉSERVER DE L'ORAGE LES MAISONS, LES ÉGLISES, LES VAISSEAUX, IL SUFFIRAIT DONC DE FIXER À LEUR PARTIE LA PLUS ÉLEVÉE UNE AIGUILLE DE FER VERTICALE QUI CONDUIRAIT LA FOUDRE À LA TERRE OU À L'EAU!...
QUEL EST CE SOT VAINQUEUR DE FOUDRE?
UN CERTAIN FRANKLIN!...
ILS SONT TOUS FOUS CES AMÉRICAINS!!
CE N'EST PAS CERTAIN. MOI JE TROUVE CE MÉMOIRE INTÉRESSANT. VOUS DEVRIEZ L'IMPRIMER MON CHER ÉDITEUR...
LA BROCHURE PASSE EN FRANCE.
CURIEUSES, CES IDÉES DE FRANKLIN, N'EST-CE PAS, MONSIEUR BUFFON?...
...RESTE À PROUVER QUE CES NUAGES ORAGEUX SONT BIEN ÉLECTRIQUES. VOUS ÊTES PHYSICIEN, DALIBARD, TENTEZ DONC L'EXPÉRIENCE!
HISTOIRE NATURELLE
LETTRES DE FRANKLIN A PIERRE COLLINSON
L'APPAREIL EST PRÊT. JE DOIS ME RENDRE À PARIS. S'IL SURVIENT UN ORAGE, VA CHERCHER LE CURÉ DE MARLY. IL EST AU COURANT!...
2B

ET LE 10 MAI 1752...
VITE, VITE... MONSIEUR LE CURÉ. UN ORAGE VA ÉCLATER !
JE VIENS... JE VIENS...
HÂTONS-NOUS ! ...
IL VA PRENDRE LE FEU DU CIEL.
SAINTE VIERGE ! NOTRE CURÉ EST DEVENU FOU... OU HÉRÉTIQUE !
IL VEUT COMMUNIQUER AVEC LE DIABLE ! ...
SUIVONS-LE...
3A
VOUS SENTEZ LE SOUFRE, MONSIEUR LE CURÉ. VOUS ALLEZ VOUS DAMNER !
ARRIÈRE TOUT LE MONDE. PRENEZ GARDE ! ... ! ?! ...
FRANKLIN A DONC BIEN DEVINÉ : LES NUAGES ORAGEUX SONT ÉLECTRIQUES ! ... AÏE... MON BRAS !
NOUS ALLONS TOUS ÊTRE FOUDROYÉS !
C'EST LE DIABLE !
ALORS, UN FRANÇAIS, DE ROMAS...
L'ÉTINCELLE OBTENUE À MARLY EST TROP PETITE. NE POURRAIT-ON EN OBTENIR UNE PLUS GRANDE EN ALLANT CHERCHER HAUT DANS LE CIEL ? UNE IDÉE... UN CERF-VOLANT AVEC UNE POINTE DE FER ! ...
3B
MAIS EN MÊME TEMPS, À PHILADELPHIE, FRANKLIN...
UNE POINTE DE FER, UNE CORDE DE CHANVRE SE TERMINANT PAR UN CORDON DE SOIE, ET VOILÀ ! ...
LE 22 JUIN 1752.
PÈRE, UN ÉCLAIR AU LOIN. UN ORAGE APPROCHE.
VITE, MON CERF-VOLANT.
GAGNONS LES PRAIRIES HORS DE LA VILLE.
S'AMUSER ENCORE AU CERF-VOLANT À SON ÂGE !
JE VAIS COURIR. LANCE-LE !
3C

AUCUNE ÉTINCELLE NE SE PRODUIT !? ME SERAIS-JE TROMPÉ ?
C'EST TERRIFIANT, PÈRE ! PRENEZ GARDE. VOUS ALLEZ ÊTRE FOUDROYÉ !
REGARDE, CES BRINS DE CHANVRE SE DRESSENT. L'ÉLECTRICITÉ Y PASSE.. LA PLUIE A RENDU LA CORDE MEILLEURE CONDUCTRICE !
LÀ, UN ABRIS.
UN SAVANT DOIT POUVOIR MOURIR POUR LA SCIENCE. MON FILS, TU ASSISTES À UNE EXPÉRIENCE QUI RESTERA CÉLÈBRE DANS L'HISTOIRE DU MONDE ! NOUS ALLONS POUVOIR VAINCRE LA FOUDRE.
4A
EN 1760...
QU'EST-CE QUE BENJAMIN WEST A MIS SUR SA MAISON ?
FRANKLIN APPELLE CELA UN PARATONNERRE !
C'EST LE PREMIER EXEMPLAIRE ET COMME POUR EN PROUVER LA VALEUR, AU PREMIER ORAGE...
LA MAISON WEST N'A SUBI AUCUN DÉGÂT !
VIVE LE PARATONNERRE !
VIVE FRANKLIN !
4B
LA NOUVELLE INVENTION DOIT CEPENDANT LUTTER POUR S'IMPOSER ET EN 1783 ENCORE, EN FRANCE, À SAINT OMER...
IL A INSTALLÉ UN PARATONNERRE !
IL FAUT LE LUI FAIRE ENLEVER !...
LA MUNICIPALITÉ S'EN MÊLE...
MONSIEUR DE BOISVALLE, NOUS VOUS INTIMONS L'ORDRE D'ABATTRE CET APPAREIL SUSPECT. IL EST UN DANGER POUR NOTRE VILLE !
PUIS DANS LA FRANCE ENTIÈRE, CAR DE BOISVALLE TIENT BON. L'AFFAIRE VIENT DEVANT LE TRIBUNAL D'ARRAS.
MARCHONS AVEC LE PROGRÈS. LE PARATONNERRE EN EST UN ! ADOPTONS-LE
QUELLE PLAIDOIRIE : CE JEUNE AVOCAT IRA LOIN ! QUI EST-CE ?
UN INCONNU ! ROBESPIERRE !
LE MONDE ENTIER ADOPTA LE PARATONNERRE ? MAISONS, MONUMENTS, NAVIRES FURENT AINSI PRÉSERVÉS DE LA FOUDRE. L'ESPRIT D'OBSERVATION DES HOMMES LES AVAIT AMENÉS À TRIOMPHER DE CE FEU DU CIEL QUI LES AVAIT TERRORISÉS DEPUIS L'AUBE DES TEMPS !
4C

LES CONQUÉRANTS DU CIEL

CETTE BOULE VA ALLER CHEZ LE DIABLE ! ELLE NE RETOMBERA JAMAIS !
SI !... JE VAIS VOIR OÙ !...
ENTHOUSIASTE, LE MYSTÉRIEUX CAVALIER SE RUE À LA POURSUITE DU PHÉNOMÈNE...
MAIS CELUI-CI SÈME LA TERREUR DANS LES CAMPAGNES...
LA LUNE TOMBE DU CIEL !...
UN DRAGON VOLANT ATTAQUE LE VILLAGE !...
À VOS FOURCHES !
QUELQUES MINUTES PLUS TARD !...
IL EST MORT !...
NON !... IL BOUGE ENCORE !...
ACHEVONS-LE !...
TOUS ENSEMBLE !... À MON SIGNAL !
2A
ATTACHONS SON CADAVRE À LA QUEUE DE CE CHEVAL !... ET TRAÎNONS-LE EN TRIOMPHE !...
ARRIÈRE !... DRÔLES...
MALHEUREUX ! VOUS L'AVEZ DÉTRUIT !...
C'EST LE MAÎTRE DU DRAGON !...
QUI DONC ES-TU, ÉTRANGER, POUR VENIR FAIRE LA LOI ICI ?...
CE DRAGON S'APPELLERA UN... EUH... J'AI TROUVÉ ! UNE MONTGOLFIÈRE ! JE VEUX ÊTRE LE PREMIER À M'ÉLEVER AVEC ELLE DANS LE CIEL !.. .RETENEZ MON NOM : PILÂTRE DE ROZIER !...
C'EST LE DIABLE !...
L'EXPÉRIENCE D'ANNONAY EUT UN RETENTISSEMENT MONDIAL !... LOUIS XVI MANDA LES FRÈRES MONTGOLFIER POUR LA LUI PRÉSENTER !...
ET PILÂTRE DE ROZIER ?...
IL S'ACCROCHA À SON PROJET !...
MAJESTÉ !... PERMETTEZ-MOI DE M'ENVOLER AVEC UNE MONTGOLFIÈRE...
JE NE PUIS RISQUER LA VIE DE MES SUJETS, MAIS... J'AI UNE IDÉE !...
AH ! AH ! CETTE FOIS, MES GAILLARDS, VOUS NE M'ÉCHAPPEREZ PAS !...
ÇA S'RAIT MIRACLE !...
À TOI L'HONNEUR !... T'ES L'AÎNÉ !...
2B

EN ROUTE POUR L'AUTRE MONDE !...
A TOUT DE SUITE, MON VIEUX !...
ARRÊTEZ !... ORDRE DU ROI !...
UNE HEURE PLUS TARD...
JE VOUS OFFRE UNE CHANCE !... VOUS VOUS ENVOLEZ AVEC CETTE MACHINE !... ET SI VOUS REVENEZ VIVANTS, JE VOUS GRÂCIE !...
PENDUS OU BRÛLÉS, NOUS N'Y REGARDONS PAS DE SI PRÈS !...
ACCEPTONS !...
!?!
COMMENT, MAJESTÉ !... VOUS LAISSERIEZ À DEUX SCÉLÉRATS LA GLOIRE D'ÊTRE LES PREMIERS À S'ÉLEVER DANS LA NUE !... L'HISTOIRE NE VOUS PARDONNERAIT PAS !...
MONSIEUR DE ROZIER A RAISON, SIRE !...
MAJESTÉ !... JE VEUX M'ENVOLER AVEC LUI !...
SI VOUS PRENEZ SON PARTI, MARQUIS D'ARLANDES, JE SUIS VAINCU !...
RETOURNONS NOUS FAIRE PENDRE !...
C'EST UN GRAND JOUR !... SI NOUS REVENONS VIVANTS, MAJESTÉ... GRÂCIEZ-LES !...
SOIT !...
3A
BIENTÔT, LA MONGOLFIÈRE EST PRÊTE !...
ILS VONT À UNE MORT CERTAINE !...
OUI !... IL FAUT ÊTRE FOU POUR EMPORTER LÀ-HAUT TOUT CE FEU !...
QUAND SOUDAIN...
?
PLACE !... PLACE !... MOI AUSSI, JE VEUX ÊTRE LE PREMIER À CONQUÉRIR LE CIEL !...
IL VA CREVER L'ENVELOPPE !...
ARRÊTEZ-LE !...
LES GARDES INTERVIENNENT !...
CONSOLE-TOI, JEUNE HOMME !... TU FERAS D'AUTRES CONQUÊTES ! UNE DESTINÉE MAGNIFIQUE !...
QUI EST-CE ?...
UN ÉLÈVE DE L'ÉCOLE MILITAIRE... UN CERTAIN BU... BO... BUONAPARTE, JE CROIS !...
3B

BIENTÔT, ON COUPE LES AMARRES!... ET CE 21 NOVEMBRE 1783, DE PARIS, DU PARC DE LA MUETTE... POUR LA PREMIÈRE FOIS DEPUIS LE DÉBUT DU MONDE... DEUX HOMMES VONT S'ÉLEVER DANS LE CIEL!...
VIVE PILÂTRE DE ROZIER!...
VOUS VERREZ... UN JOUR LES HOMMES INVENTERONT LE MOYEN DE NE PAS MOURIR!... MALHEUREUSEMENT, MOI, ALORS... JE SERAI MORTE!...
CHAUFFONS!... CHAUFFONS!... PLUS NOUS FERONS D'AIR CHAUD, PLUS NOUS MONTERONS!...
NE METTONS PAS LE FEU À L'ENVELOPPE!...
COMME LA TERRE EST DRÔLE, VUE D'EN HAUT!...
NOUS SOMMES LES PREMIERS À LA VOIR AINSI!...
4A
MAIS CE FOYER, QU'EMPORTE LA MONTGOLFIÈRE, EST UN FOYER TERRIBLEMENT DANGEREUX, ET...
ILS VONT BRÛLER...
LES MALHEUREUX!
CIEL!... LE FEU S'ATTAQUE À L'ENVELOPPE! IL FAUT DESCENDRE!...
NON!... MONTONS!... MONTONS TOUJOURS!...
ET LA MONTGOLFIÈRE, BLESSÉE, BRÛLANTE, MAIS VICTORIEUSE, POURSUIT SA RANDONNÉE...
LE FEU GAGNE!... NOUS ALLONS FLAMBER EN PLEIN CIEL!...
CE SERAIT UNE MORT SPLENDIDE!...
N'ENDEUILLONS PAS CE JOUR DE GLOIRE! SONGE À CES DEUX MISÉRABLES DONT LE SORT EST ENTRE TES MAINS!...
SOIT!... NE CHAUFFONS PLUS!... NOUS DESCENDRONS!...
MAIS... DIEU!... NOUS MONTONS MALGRÉ TOUT...
VITE!... MON ÉPÉE!...
4B
L'AIR CHAUD FUYANT PAR LA DÉCHIRURE, LA MONTGOLFIÈRE DESCEND VERTIGINEUSEMENT ET...
SAUVÉS!...
IL ÉTAIT TEMPS!...
DANS MES BRAS, PILÂTRE DE ROZIER!...
DANS MES BRAS, MARQUIS D'ARLANDES! NOUS AVONS EFFECTUÉ LE PREMIER VOYAGE AÉRIEN ET MARQUÉ UNE ÉTAPE DANS L'HISTOIRE DU MONDE!...
C'EST MAGNIFIQUE!...
HÉLAS... CETTE INTRÉPIDITÉ ALLAIT DEVENIR, CHEZ PILÂTRE, DE LA TÉMÉRITÉ. PREMIER CONQUÉRANT DU CIEL, IL EN SERAIT AUSSI LA PREMIÈRE VICTIME. MAIS CELA C'EST, UNE AUTRE HISTOIRE...
4C

LE PREMIER MATCH AÉRIEN

ET UN PEU PLUS TARD...
OH ! REGARDEZ ! LES RATS !... ILS FUIENT !
PAS ÉTONNANT ! AVEC UN PAREIL VACARME ! J'EN AI LA TÊTE CASSÉE !
RAN PLAN PLAN
PLAN PLAN PLAN RAN TAN PLAN
HA ! HA ! HA !... MON IDÉE ÉTAIT BONNE ! QU'ON BATTE TAMBOUR JOUR ET NUIT... LES RATS N'OSERONT PAS REVENIR.
UN TEMPS PRÉCIEUX S'ÉCOULE, ET EN 1785...
M'SIEUR PILÂTRE, BLANCHARD VIENT DE S'EMBARQUER POUR L'ANGLETERRE AVEC SON BALLON !
MALÉDICTION ! IL VA TENTER LA TRAVERSÉE DANS L'AUTRE SENS. IL FAUT QUE JE PARTE.
SORTEZ L'AÉROMONTGOLFIÈRE. GONFLEZ-LA. PRÉPAREZ LE FOYER.
C'EST DE LA FOLIE UN SUICIDE ! L'OURAGAN VA TE REJETER À LA CÔTE !
LA RAGE AU CŒUR PILÂTRE DOIT REMETTRE SON DÉPART. CEPENDANT, LE LENDEMAIN MATIN, À DOUVRES, BLANCHARD S'APPRÊTE !...
LA TEMPÊTE EST MOINS FORTE.
ELLE SOUFFLE VERS LA FRANCE. ELLE ME CONDUIRA VERS LA VICTOIRE !
PERMETTRIEZ-VOUS À UN ANGLAIS D'ÊTRE DU VOYAGE? JE ME NOMME JEFFERIES.
SOIT, MONSIEUR ! MAIS JE DOIS VOUS PRÉVENIR. NOUS RISQUONS GROS !
JE N'AI PAS PEUR. EN ROUTE !
2 A.
LARGUEZ LES AMARRES !
GOOD BYE !
HAPPY JOURNEY !
BAÔNE VÔAGE !!!
DIABLE ! QUEL VENT !
NOUS ARRIVERONS PLUS VITE !
BONNE CHANCE ! AU REVOIR
EMPORTÉ PAR UNE VRAIE TORNADE, LE BALLON SURVOLE BIENTÔT UNE MER FURIEUSE...
MAIS, MA PAROLE, NOUS DESCENDONS !
LE BALLON EST TROP LOURD. JETONS DU LEST.
BY JOVE ! TOUT LE LEST EST JETÉ ET NOUS DESCENDONS ENCORE !
VITE ! ALLÉGEONS LE BATEAU DE TOUT LE POIDS INUTILE. LES RAMES, PAR EXEMPLE.
LA MER EST À MOINS DE 20 MÈTRES !
VITE ! JETONS LES INSTRUMENTS... NOS VÊTEMENTS... TOUT ! IL FAUT QUE NOUS REMONTIONS À TOUT PRIX !
PLUS RIEN À JETER... NOUS ALLONS ÊTRE ENGLOUTIS !
C'EST MA FAUTE. J'ALOURDIS LE BALLON. JE N'AURAIS PAS DÛ VENIR ! ADIEU BLANCHARD !
2 B.

QUE... QUE FAITES-VOUS, MALHEUREUX ?
SEUL, VOUS RÉUSSIREZ ! JE ME SACRIFIE... AD...
BANG
ARRÊTEZ !
PARDON, JEFFERIES ! MAIS C'ÉTAIT LE SEUL MOYEN DE TE RETENIR ! NOUS RÉUSSIRONS OU PÉRIRONS ENSEMBLE !
MAIS DÉJÀ LA NACELLE TOUCHE LES FLOTS DÉMONTÉS !
CETTE FOIS, C'EST LA FIN ! NOUS ALLONS COULER...
PAS ENCORE ! NOS COUTELAS ! GRIMPONS DANS LES CORDAGES, ABANDONNONS LA NACELLE !
CEPENDANT, DE L'AUTRE CÔTÉ DE LA MANCHE, À BOULOGNE, PILÂTRE SE HÂTE À SON TOUR !...
NE PARTEZ PAS, MONSIEUR ! LE VENT EST INSTABLE. IL SOUFFLE TANTÔT VERS LA MER, TANTÔT VERS LE RIVAGE !
TANT PIS ! BLANCHARD VA ME BATTRE... JE PARS ! ADVIENNE QUE POURRA...
3A.
L'AÉROSTAT EST GONFLÉ, M'SIEUR.
ARRIMEZ LE FOYER SOUS LA MONTGOLFIÈRE. PRÉPARE-TOI, ROMAIN.
AVEC TON IDÉE, N'ALLONS-NOUS PAS SAUTER COMME L'A PRÉDIT CHARLES ?
RADOTAGES DE SAVANT ! SI TU AS PEUR, ROMAIN, RESTE À TERRE. J'IRAI SEUL !
PEUR ? MOI, TON ASSOCIÉ...
MONSIEUR PILÂTRE, EMMENEZ-MOI, JE VOUS OFFRE CENT LOUIS D'OR !
IMPOSSIBLE, MONSIEUR !
JE VOUS DONNERAI 200 LOUIS !...
INUTILE, MARQUIS ! PAR CE TEMPS, NOUS NE RISQUONS PAS D'AUTRES VIES QUE LES NÔTRES !
ADIEU, LES AMIS.
LÂCHEZ TOUT ! EN ROUTE POUR L'ANGLETERRE... ET VIVE LA FRANCE !
VIVE PILÂTRE !
BONNE CHANCE !
LA PESTE SOIT DE CE ENTÊTÉ ! J'AURAIS TOUT DONNÉ POUR L'ACCOMPAGNER !
3B

AU MÊME MOMENT, LE BALLON DE BLANCHARD, DÉLESTÉ DE SA NACELLE, BONDIT BRUTALEMENT VERS LES NUES, ENTRAINANT SES AÉRONAUTES EN PERDITION.
ANGLETERRE
DOUVRES
FOLKESTONE
MANCHE
CALAIS
BOULOGNE
FRANCE
REGARDE, LÀ-BAS, LA CÔTE DE FRANCE !
DIEU ! L'ATTEINDRONS-NOUS JAMAIS ?
CEPENDANT, L'AÉROMONTGOLFIÈRE DE PILÂTRE MONTE GLORIEUSEMENT DANS LE CIEL ET COMMENCE SA COURSE VERS L'ANGLETERRE, MAIS...
MALHEUR !... LE VENT NOUS REPOUSSE VERS LA CÔTE !
CHAUFFE LE FOYER, ROMAIN, MONTONS ET TROUVONS UN COURANT FAVORABLE...
4A
MAIS SOUDAIN, SUR LE RIVAGE...
UNE FLAMME !
LES MALHEUREUX... ILS VONT BRÛLER !
LE FEU ! LE PHYSICIEN CHARLES AVAIT RAISON !
EN QUELQUES SECONDES L'AÉROMONTGOLFIÈRE FLAMBE COMME UNE TORCHE ET SOUDAIN, UNE FORMIDABLE EXPLOSION...
VITE !
PILÂTRE EST MORT !
ROMAIN AGONISE !
OH ! VOYEZ, LÀ-BAS... !
QUE... QU'EST-CE ?
4B.
MAIS C'EST UN BALLON !
C'EST CELUI DE BLANCHARD !
ET UN PEU PLUS TARD...
ILS ONT RÉUSSI !
ILS ONT TRAVERSÉ LA MANCHE !
VICTOIRE !
LA PREMIÈRE TRAVERSÉE AÉRIENNE DE LA MANCHE ÉTAIT RÉALISÉE. QUANT À PILÂTRE, SON INTRÉPIDITÉ EN AVAIT FAIT LE PREMIER CONQUÉRANT DU CIEL. MAIS SA TÉMÉRITÉ EN FAISAIT SA PREMIÈRE VICTIME ! QUELLE LEÇON, GARÇONS !...
4C.

L'ÉPOPÉE DE TRAFALGAR

SITÔT ARRIVÉ, IL CONVOQUE LES COMMANDANTS À SON BORD.
NOUS ALLONS LAISSER SORTIR L'ENNEMI. IL SE PRÉSENTERA EN LIGNE DE FILE SERRÉE. NOUS FONCERONS SUR LUI EN DEUX GROUPES. JE CONDUIRAI L'UN ET VOUS, COLLINGWOOD, L'AUTRE.
NOUS COUPERONS SA FILE EN TROIS TRONÇONS, QUE NOUS EXTERMINERONS! LE MOT D'ORDRE EST: OFFENSIVE À OUTRANCE! A VOS NAVIRES, MESSIEURS!
A VOS ORDRES, AMIRAL.
MAIS LA FLOTTE FRANÇAISE, GROSSIE DE NAVIRES ESPAGNOLS, REFUSE OBSTINÉMENT LE COMBAT. LES JOURS PASSENT... SOUDAIN LE 19 OCTOBRE, L'AMIRAL FRANÇAIS VILLENEUVE RÉUNIT SES OFFICIERS.
MESSIEURS, L'EMPEREUR S'EXASPÈRE DE NOTRE INERTIE! IL EXIGE QUE NOUS SORTIONS DE CADIX COÛTE QUE COÛTE. IL NE NOUS RESTE QU'À OBÉIR. NOUS APPAREILLONS DEMAIN!
L'ENNEMI SEMBLE S'ÊTRE ÉLOIGNÉ, C'EST UNE CHANCE.
MAIS LA FLOTTE ANGLAISE EST EMBUSQUÉE AU CAP TRAFALGAR ET LE 21...
SIR, L'ENNEMI EST EN VUE!
JE LE TIENS, ENFIN!
2 A
SUR L'HORIZON, EN EFFET, SE PROFILE LA FLOTTE FRANCO-ESPAGNOLE QUI ALIGNE 33 VAISSEAUX DONT QUATRE TROIS-PONTS.
SUR LE «VICTORY», NELSON EXULTE.
GARÇONS! C'EST L'AUBE D'UN GRAND JOUR. SUS À L'ENNEMI!
A SON TOUR, L'ESCADRE ANGLAISE FORTE DE 33 VAISSEAUX DONT 7 TROIS-PONTS, VOLE VERS L'ESCADRE ENNEMIE.
2 B

DANS LE CALME DE SA CABINE, NELSON SE RECUEILLE...
PUISSE DIEU COURONNER DE SUCCÈS MA TENTATIVE ! JE ME REMETS À LUI...
LES FLOTTES ENNEMIES SONT MAINTENANT TRÈS PROCHES.
HISSEZ CE SIGNAL. TRANSMETTEZ-LE À TOUTE LA FLOTTE. «L'ANGLETERRE COMPTE QUE CHACUN FERA SON DEVOIR».
VOS DÉCORATIONS, MONSIEUR, VOUS DÉSIGNENT À L'ENNEMI. METTEZ AU MOINS UN MANTEAU !
LES MARQUES D'HONNEUR QUE JE PORTE NE M'ONT JAMAIS FAIT PEUR !
MAIS IL FAUT QUE VOUS VIVIEZ POUR VOIR L'ENNEMI ÉCRASÉ !
ET POUR L'ANGLETERRE !
MON PAVILLON SERA AU PLUS FORT DES COMBATS. SIGNALEZ À COLLINGWOOD QUE JE FONCE SUR LE NAVIRE AMIRAL FRANÇAIS !
SOUDAIN LES CANONS TONNENT ! LES BOULETS RONFLENT, ÉVENTRANT LES COQUES, SOULEVANT DES TROMBES D'EAU. LES VAISSEAUX S'EMBRASENT. LA BATAILLE DE TRAFALGAR COMMENCE...
3A
LE «VICTORY» S'EST RUÉ AU PLUS FORT DE LA MÊLÉE...
DROIT SUR LE VAISSEAU AMIRAL FRANÇAIS ! ATTENDEZ MES ORDRES POUR OUVRIR LE FEU.
BIEN, MONSIEUR.
MAIS SOUDAIN...
ATTENTION, NAVIRE FRANÇAIS À TRIBORD !
ECRASEZ-MOI CE TÉMÉRAIRE ! FEU ! !
EN EFFET, LE «REDOUTABLE» S'EST JETÉ EN TRAVERS DE LA ROUTE DU «VICTORY» POUR SAUVER LE VAISSEAU AMIRAL FRANÇAIS.
LA TERRIBLE BORDÉE DE L'ANGLAIS BALAIE LE PONT DU «REDOUTABLE». MAIS DANS UN CHOC TERRIBLE LES DEUX NAVIRES S'ABORDENT. LES FRANÇAIS SE RUENT À L'ABORDAGE.
UNE MÊLÉE FURIEUSE S'ENGAGE. SUR LE «VICTORY», 90 ANGLAIS SUR 110 SONT TUÉS.
JE NE VOUDRAIS PAS ÊTRE AILLEURS POUR UN MILLION ! APPELEZ LES CANONNIERS À LA RESCOUSSE !
3B

DES MÂTS DU «REDOUTABLE» UNE GRÊLE DE BALLES PLEUT SUR LE «VICTORY».
LÀ! REGARDE, L'AMIRAL ANGLAIS!
JE VAIS L'ABATTRE!
OW
?!?
MONSIEUR, VOUS ÊTES BLESSÉ?
C'EST FINI, HARDY. ILS M'ONT EU, ENFIN...
VIVEMENT ON EMPORTE NELSON. IL A L'ÉPINE DORSALE BRISÉE.
VOUS AVEZ ÉTÉ BON PROPHÈTE, BEATTY. PLUS RIEN À FAIRE POUR MOI. JE SUIS PERDU!
TANDIS QUE LA LUTTE CONTINUE, NELSON, DANS L'ENTREPONT, AGONISE...
UN DES NÔTRES VIENT NOUS DÉGAGER. MAIS CES FRANÇAIS SE FONT HÂCHER AU CRI DE «VIVE L'EMPEREUR!»
CE SONT DE VALEUREUX ADVERSAIRES!
4A
VIVRAI-JE ASSEZ POUR APPRENDRE LA VICTOIRE?
SON AGONIE DURE 4 HEURES. SUR MER LA BATAILLE FAIT RAGE...
AUCUN DES NÔTRES NE S'EST RENDU, N'EST-CE PAS? AVONS-NOUS LA VICTOIRE?
PEU APRÈS...
HARDY, APRÈS LA BATAILLE, LA TEMPÊTE MENACERA NOS NAVIRES DÉSEMPARÉS. L'ESCADRE DEVRA JETER L'ANCRE. NE JETEZ PAS MON VIEUX CORPS À LA MER. DIEU QUE LA VICTOIRE SE FAIT ATTENDRE...
4B
APRÈS 5H DE BATAILLE...
VICTOIRE, MONSIEUR! NOUS AVONS LA VICTOIRE!
EMBRASSE-MOI HARDY. DIEU ME BÉNISSE.. J'AI FAIT ... MON DEVOIR...
LA VICTOIRE DE TRAFALGAR MARQUAIT DÉJÀ LE DESTIN DE NAPOLÉON. L'ANGLETERRE GARDAIT LA SOUVERAINETÉ SUR LES OCÉANS... ET SANS DOMINER LA MER, NAPOLÉON NE POUVAIT VAINCRE.
AINSI MOURUT NELSON. VOUS POUVEZ VOIR SON TOMBEAU À SAINT PAUL À LONDRES ET SON MONUMENT À TRAFALGAR SQUARE. VOUS VOYEZ, MES CHERS NEVEUX, QU'ON N'EST JAMAIS TROP VIEUX POUR SERVIR SON PAYS!
4C

GUTENBERG

PAR MILLIARDS, CHAQUE ANNÉE, JOURNAUX, LIVRES, PUBLICATIONS DE TOUTES SORTES INONDENT LE MONDE. ARTS, SCIENCES, IDÉES SE PROPAGENT COMME L'ÉCLAIR. VOICI L'HISTOIRE DE L'HOMME QUI PERMIT CE MIRACLE.
BON DIEU, ONCLE PAUL, QUE CET EXERCICE EST DIFFICILE!
OUI, NOTRE PROFESSEUR EN VEUT VRAIMENT TROP!
PERSÉVÉREZ, MES ENFANTS. C'EST GRÂCE À LA PERSÉVÉRANCE, À LA RECHERCHE DES DIFFICULTÉS, QUE L'ON TRIOMPHE RÉELLEMENT DES CAS LES PLUS DIFFICILES.
LÀ EST LE SECRET. NE PAS SE REBUTER SI LA PREMIÈRE IMPRESSION DE TRAVAIL N'EST PAS FAVORABLE. ECOUTEZ DONC L'HISTOIRE DE GUTENBERG, L'INVENTEUR DE L'IMPRIMERIE...
1A
1448 ... LE PATRICIEN GUTENBERG SE PROMENAIT PAISIBLEMENT DANS SA BONNE VILLE DE MAYENCE...
QUE SE PASSE-T-IL?
AU FEU!
LA BIBLIOTHÈQUE BRÛLE... QUEL AFFREUX MALHEUR!
AH! GUTENBERG! TOUS CES MANUSCRITS IRREMPLAÇABLES QUI SE CONSUMENT DANS LES FLAMMES! TANT D'ART ET TANT DE SCIENCE DÉTRUITS!
OH! SI L'ON POUVAIT TROUVER UN MOYEN POUR REPRODUIRE DES MANUSCRITS!... LA SCIENCE À LA PORTÉE DE TOUS... HÉLAS, CE N'EST QU'UN RÊVE
1B
UN RÊVE!... MAIS QUI HANTE DÉSORMAIS GUTENBERG

QUELQUE TEMPS PLUS TARD À HAARLEM...
ENFIN, JE VAIS VOIR CE KOSTER DONT ON M'A PARLÉ. C'EST ICI, À LA SINT NIKLAASKERK.
JE M'APPELLE JEAN GUTENBERG. IL M'A ÉTÉ RAPPORTÉ QUE VOUS AVIEZ INVENTÉ...
OUI, OUI... MAIS ICI JE REMPLIS LES FONCTIONS DE SACRISTAIN. SI VOUS VOULEZ PASSER PLUS TARD CHEZ MOI, MONSIEUR GUTENBERG.
ET LE SOIR...
ENTREZ DONC, MONSIEUR GUTENBERG. JE VOUS ATTENDAIS.
JE VAIS VOUS MONTRER L'ŒUVRE DE MA VIE.
UNE GRAMMAIRE LATINE REPRODUITE PAR DES CARACTÈRES TAILLÉS SUR UNE PLANCHE DE BOIS.
2A
DE RETOUR À MAYENCE
CE KOSTER M'A DONNÉE UNE BONNE IDÉE. MAIS COMMENT EXPLOITER TOUT CELA ?
BAH ! RAMENONS CECI À LA MAISON.
MAIS SITÔT CHEZ LUI
OH ! COMME C'EST CURIEUX ! LA SÈVE A REPRODUIT MES INITIALES SUR LE PARCHEMIN !
GUTENBERG SE REND AUSSITÔT À SON LABORATOIRE ET SE LIVRE À UNE EXPÉRIENCE.
VOILÀ ! ET MAINTENANT...
ANNO
JE SUIS IMMORTEL !

GUTENBERG RÉALISA LES PREMIÈRES LETTRES MÉTALLIQUES. MAIS IL AVAIT FORTEMENT ENTAMÉ SES RESSOURCES. NE VOULANT PAS SE DÉCOURAGER, IL SE VIT DANS LA NÉCESSITÉ DE CHERCHER DE L'AIDE
JE N'AI PLUS UN SEUL FLORIN. J'AI DES DETTES PARTOUT. IL NE ME RESTE QU'UN ESPOIR : FUST, LE RICHE ORFÈVRE. J'Y VAIS...
GUTENBERG RÉVÉLA À FUST TOUS SES SECRETS, TOUTES SES INVENTIONS. LA PRESSE, L'ENCRE ET SURTOUT SES CARACTÈRES FONDUS, SES LETTRES SÉPARÉES.
TIENS, TIENS ! HUM...
EH BIEN, SOIT ! J'ACCEPTE L'ASSOCIATION, À CONDITION QUE MON AMI, PIERRE SCHOEFFER, Y ENTRE POUR SA PART. JE VOUS VERSERAI 300 FLORINS CHAQUE ANNÉE.
OH ! MONSIEUR, COMMENT VOUS REMERCIER ?
3A
LES MOIS ONT PASSÉ...
LE TRAVAIL AVANCE, SCHOEFFER !
OUI, MAIS LES DIFFICULTÉS FINANCIÈRES RECOMMENCENT. J'IRAI VOIR FUST.
HUM ! MON CHER AMI, GUTENBERG N'A AUCUN SENS COMMERCIAL. NOUS ALLONS L'ÉLIMINER EN DOUCE !
J'Y AI SOUVENT PENSÉ, FUST. J'AI MÊME CONÇU UN PLAN. ÉCOUTEZ...
QUELQUES JOURS PLUS TARD, GUTENBERG ÉTAIT CONDAMNÉ...
NOUS SOMMES ASSOCIÉS. IL M'A PRÊTÉ LES SOMMES QU'IL RÉCLAME.
GUTENBERG, LE TRIBUNAL VOUS CONDAMNE À UNE AMENDE DE 500 FLORINS ET À LA CONFISCATION DE VOTRE MATÉRIEL.
TANDIS QUE GUTENBERG TRAÎNAIT DANS LA MISÈRE...
BIBLE LATINE
BIBLE LATINE
FUST ET SCHOEFFER FAISAIENT FORTUNE !
GRATON
3B

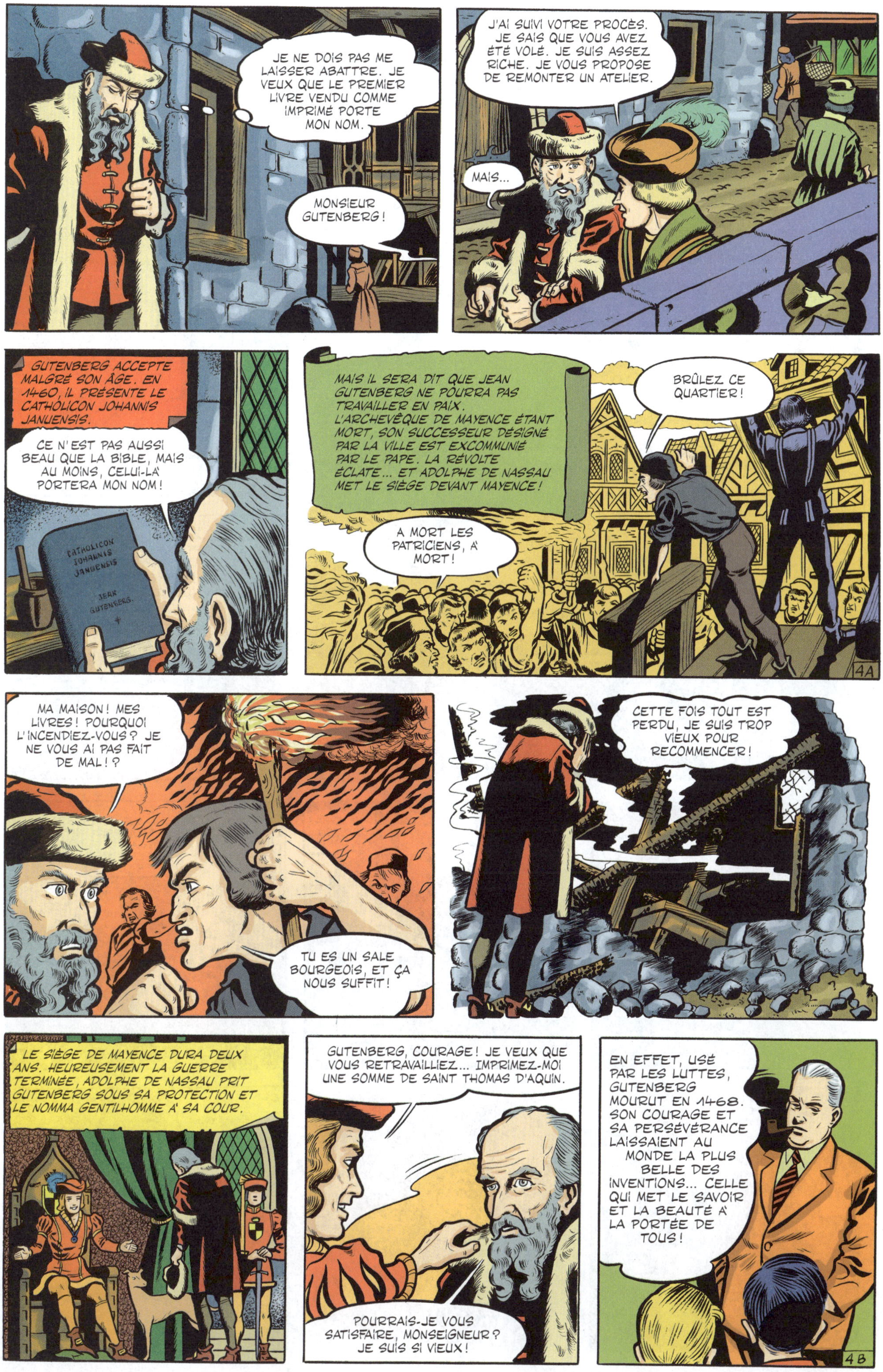
JE NE DOIS PAS ME LAISSER ABATTRE. JE VEUX QUE LE PREMIER LIVRE VENDU COMME IMPRIMÉ PORTE MON NOM.
MONSIEUR GUTENBERG !
J'AI SUIVI VOTRE PROCÈS. JE SAIS QUE VOUS AVEZ ÉTÉ VOLÉ. JE SUIS ASSEZ RICHE. JE VOUS PROPOSE DE REMONTER UN ATELIER.
MAIS...
GUTENBERG ACCEPTE MALGRÉ SON ÂGE. EN 1460, IL PRÉSENTE LE CATHOLICON JOHANNIS JANUENSIS.
CE N'EST PAS AUSSI BEAU QUE LA BIBLE, MAIS AU MOINS, CELUI-LÀ PORTERA MON NOM !
CATHOLICON JOHANNIS JANUENSIS JEAN GUTENBERG
MAIS IL SERA DIT QUE JEAN GUTENBERG NE POURRA PAS TRAVAILLER EN PAIX. L'ARCHEVÊQUE DE MAYENCE ÉTANT MORT, SON SUCCESSEUR DÉSIGNÉ PAR LA VILLE EST EXCOMMUNIÉ PAR LE PAPE. LA RÉVOLTE ÉCLATE... ET ADOLPHE DE NASSAU MET LE SIÈGE DEVANT MAYENCE !
BRÛLEZ CE QUARTIER !
À MORT LES PATRICIENS, À MORT !
4A
MA MAISON ! MES LIVRES ! POURQUOI L'INCENDIEZ-VOUS ? JE NE VOUS AI PAS FAIT DE MAL ! ?
TU ES UN SALE BOURGEOIS, ET ÇA NOUS SUFFIT !
CETTE FOIS TOUT EST PERDU, JE SUIS TROP VIEUX POUR RECOMMENCER !
LE SIÈGE DE MAYENCE DURA DEUX ANS. HEUREUSEMENT LA GUERRE TERMINÉE, ADOLPHE DE NASSAU PRIT GUTENBERG SOUS SA PROTECTION ET LE NOMMA GENTILHOMME À SA COUR.
GUTENBERG, COURAGE ! JE VEUX QUE VOUS RETRAVAILLIEZ... IMPRIMEZ-MOI UNE SOMME DE SAINT THOMAS D'AQUIN.
POURRAIS-JE VOUS SATISFAIRE, MONSEIGNEUR ? JE SUIS SI VIEUX !
EN EFFET, USÉ PAR LES LUTTES, GUTENBERG MOURUT EN 1468. SON COURAGE ET SA PERSÉVÉRANCE LAISSAIENT AU MONDE LA PLUS BELLE DES INVENTIONS... CELLE QUI MET LE SAVOIR ET LA BEAUTÉ À LA PORTÉE DE TOUS !
4B

LE ROI DES METTEURS EN SCÈNE

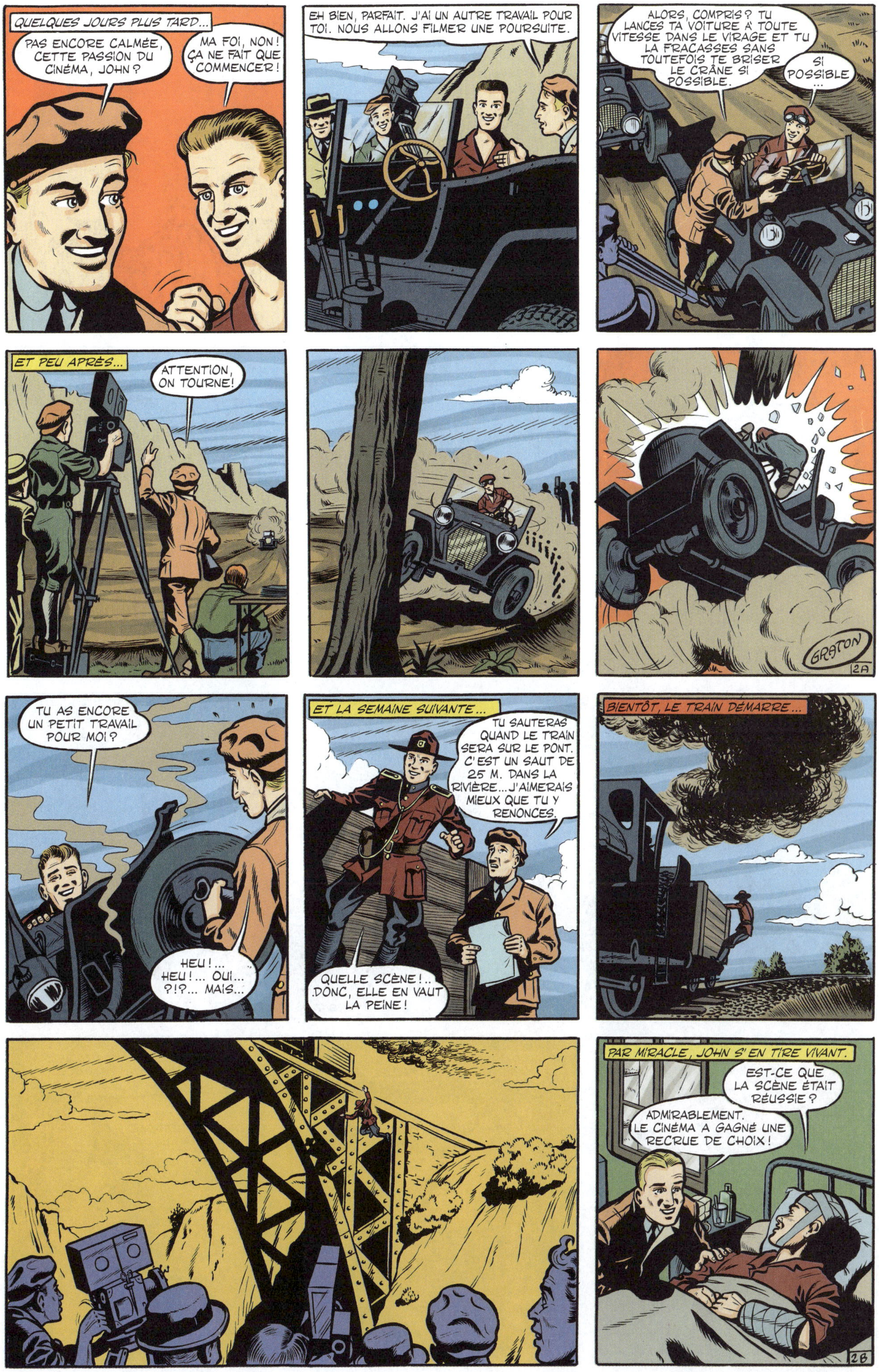
QUELQUES JOURS PLUS TARD...
PAS ENCORE CALMÉE, CETTE PASSION DU CINÉMA, JOHN ?
MA FOI, NON ! ÇA NE FAIT QUE COMMENCER !
EH BIEN, PARFAIT. J'AI UN AUTRE TRAVAIL POUR TOI. NOUS ALLONS FILMER UNE POURSUITE.
ALORS, COMPRIS ? TU LANCES TA VOITURE À TOUTE VITESSE DANS LE VIRAGE ET TU LA FRACASSES SANS TOUTEFOIS TE BRISER LE CRÂNE SI POSSIBLE.
SI POSSIBLE ...
ET PEU APRÈS...
ATTENTION, ON TOURNE !
GRATON
2A
TU AS ENCORE UN PETIT TRAVAIL POUR MOI ?
HEU !... HEU !... OUI... ?!?... MAIS...
ET LA SEMAINE SUIVANTE...
TU SAUTERAS QUAND LE TRAIN SERA SUR LE PONT. C'EST UN SAUT DE 25 M. DANS LA RIVIÈRE... J'AIMERAIS MIEUX QUE TU Y RENONCES.
QUELLE SCÈNE !.. .DONC, ELLE EN VAUT LA PEINE !
BIENTÔT, LE TRAIN DÉMARRE...
PAR MIRACLE, JOHN S'EN TIRE VIVANT.
EST-CE QUE LA SCÈNE ÉTAIT RÉUSSIE ?
ADMIRABLEMENT. LE CINÉMA A GAGNÉ UNE RECRUE DE CHOIX !
2B

AINSI COMMENÇA LA CARRIÈRE CINÉMATOGRAPHIQUE DE JOHN FORD, IL DEVINT UN DES PLUS GRANDS RÉALISATEURS DE HOLLYWOOD. ET IL MIT TOUJOURS SON AUDACE AU SERVICE DE SON ART...
MONSIEUR FORD ! J'APPRENDS QUE POUR TOURNER L'INCENDIE DU CIRQUE VOUS AVEZ LE PROJET DE FAIRE BRÛLER LA GRANDE TENTE ! EN TANT QUE PRODUCTEUR, JE NE VOUS Y AUTORISE PAS ! ...
COMPRENEZ DONC ! CELA ENTRAÎNERAIT DES GROS FRAIS ! FAITES-MOI UN TOUT PETIT INCENDIE.
UN TOUT PETIT INCENDIE ?... CERTAINEMENT.
BIEN ! BRÛLEZ-MOI UN PETIT BOUT DE TENTE... ON TOURNE ! ...
ÉTEIGNEZ ! ... ÉTEIGNEZ ! ...
MAIS CERTAINEMENT...
ALLEZ ÉTEINDRE ... MAIS FAITES ATTENTION ! ...
3A
MAIS MAIS TOUT LE CIRQUE VA BRÛLER ?! ... QUE S'EST-IL PASSÉ ! ?
CONTINUEZ À FILMER !
QUELQUES JOURS PLUS TARD, DANS UNE SALLE DE PROJECTION.
HUM, HUM ! JE DOIS VOUS AVOUER QUE CETTE SCÈNE VAUT L'ARGENT QU'ELLE M'A COÛTÉ ! MAIS QUE S'EST-IL PASSÉ AU JUSTE ?
HEU... LES SEAUX ÉTAIENT PLEINS D'ESSENCE ERREUR REGRETTABLE ET VOLONTAIRE, JE L'AVOUE !
3B

EN QUELQUES ANNÉES, JOHN FAIT UNE CARRIÈRE FULGURANTE, IL ACCUMULE LES SUCCÈS, MAIS BIENTÔT...
LA GUERRE ÉCLATE, IL NE VEUT PAS RESTER INACTIF !...
J'AI DÉCIDÉ D'OFFRIR NOS SERVICES À WHASHINGTON ! J'Y VAIS DEMAIN ! QU'EN PENSEZ-VOUS ?
NOUS SOMMES AVEC VOUS, PATRON.
ET LE LENDEMAIN, À WHASHINGTON...
JE ME METS À VOTRE DISPOSITION AVEC TOUTE MON ÉQUIPE DE SPÉCIALISTES, POUR FILMER LES COMBATS, POUR DOCUMENTER LE PEUPLE AMÉRICAIN ET LUI MONTRER LE COURAGE DE SES ENFANTS !
J'ACCEPTE VOTRE PROPOSITION, MR. FORD, ET VOUS EN REMERCIE.
BIENTÔT, LES CAMERAMEN DE FORD SE TROUVÈRENT PARTOUT OÙ IL Y AVAIT UN FAIT D'ARMES À ENREGISTRER !
AU MÉPRIS DE LEUR VIE, ILS FIXENT SUR FILM TOUTE UNE LÉGENDE D'HÉROÏSME !...
4A
FORD LUI-MÊME SE RÉSERVE LES MISSIONS LES PLUS DANGEREUSES.
QUELLE MISE EN SCÈNE !...
VOILÀ CE QU'ON APPELLE UN GROS PLAN !
QUELQUES TEMPS APRÈS, À WHASHINGTON...
VOTRE HÉROÏSME ET CELUI DE VOS HOMMES MÉRITAIT D'ÊTRE FILMÉ ÉGALEMENT, MONSIEUR FORD. JE SUIS HEUREUX D'AVOIR L'HONNEUR DE VOUS DÉCORER !
LE CINÉMA EST UN BEAU MÉTIER, MESSIEURS, SI VOUS ÊTES INTÉRESSÉS À TOUT RISQUER POUR DEUX MINUTES DE FILM, DEUX MINUTES BIEN RÉUSSIES !...
ALORS, MES ENFANTS, CES PROJETS DE CARRIÈRE CINÉMATOGRAPHIQUE ?...
HEU... HEU... OUI, MAIS EN ATTENDANT...
NOUS NOUS CONTENTERONS D'ÊTRE SPECTATEURS !
1re VISION
4B

TOM, GOSSE IMPOSSIBLE

APRÈS 20 KILOMÈTRES...
C'EST ANORMAL ! TOM EST SI SAGE... DORMIRAIT-IL ?...
DISPARU !... IL EST TOMBÉ !
NON ! LE GREDIN !... VITE, DEMI-TOUR !... CHEZ LES PEAUX-ROUGES !
LE CHARIOT EST REVENU, ET...
IL VA NOUS FAIRE TOUS SCALPER...
IL N'EN FERA JAMAIS D'AUTRES !... SEIGNEUR, PROTÉGEZ-NOUS.
NOUS VOILÀ DANS DE BEAUX DRAPS !...
TON FUSIL ! SI TU VEUX REVOIR TON FILS !
WALAHAKIKI !!... WALAHAKIKI !!...
2A
WALAHAKIKI !... WALAHAKIKI !...
WALAHAKIKI !...
HOP ! HOP !
?!? ?!?
PEU APRÈS...
NOUS AVONS CE MATIN ENTERRÉ LA HÂCHE DE GUERRE QUE LES VISAGES PÂLES PARTENT EN PAIX !...
PAPA ! TU SAIS... LEUR PEAU EST VRAIMENT ROUGE !
ATTENDS D'ÊTRE AU CHARIOT ! LA TIENNE VA DEVENIR BLEUE EN PLUS D'UN ENDROIT !...
À PORT-HURON, TOM FAIT LE DÉSESPOIR DE SES PROFESSEURS.
2 + 2 = 4 ... POURQUOI PAS 5 ?...
PARCE QUE... EUH... EUH...
2B
UN JOUR...
ALLEZ-VOUS EN EDISON ! JE NE VEUX PLUS VOUS REVOIR... VOUS NE FEREZ JAMAIS RIEN DE BON DANS LA VIE !...
jean GRATON.

CE SOIR-LÀ...
ET AVEC MOI? ÉTUDIERAS-TU UN PEU MIEUX?...
OH OUI, MAMAN... JE TE LE PROMETS.
12 ANS! IL POURSUIT JOUR ET NUIT DES EXPÉRIENCES DE CHIMIE.
EST-CE 100 OU 1/1OOème?... BASTE, ON VERRA BIEN.
DÉJÀ AUSSI, LE GÉNIE DE L'INVENTION LE POSSÈDE...
AVEC CE SYSTÈME, JE COURS PEU DE DANGER!... ATTENTION! UN... DEUX...
TROIS!!
MON DIEU!... TOM!...
CHENAPAN!... MON BEAU HANGAR TOUT NEUF!
TAIS-TOI DONC... IL EST PEUT-ÊTRE MORT!
CE DEVAIT ÊTRE 1/1OOème!... JE ME SUIS ENCORE TROMPÉ DANS MES CALCULS.
VIVANT!...DIEU SOIT LOUÉ!...
3A
HORS D'ICI AVEC TOUTES TES FOLIES, PETIT MISÉRABLE!... DEMAIN TU CHERCHERAS UN EMPLOI!
DÉBROUILLARD, IL EN A VITE TROUVÉ UN...
CHOCOLATS!.. CARAMELS... BONBONS ACIDULÉS!...
SUR LE TRAIN OÙ IL EST VENDEUR, IL SE FAIT UN AMI...
IL N'Y A JAMAIS DE BAGAGES DANS LE FOURGON LAISSEZ-MOI Y INSTALLER UN PETIT LABORATOIRE...
SOIT!... QUE PERSONNE NE LE SACHE!...
LE SOIR SUIVANT...
AU FEU!...
ARRÊTEZ!
NOUS ALLONS ÊTRE BRÛLÉS VIFS!...
?
LES FREINS!... LE FOURGON BRÛLE!
QUOI? C'EST IMPOSSIBLE!
3B

LE TRAIN EST ARRÊTÉ ET...
MISÉRABLE... PETIT CHIMISTE! JE VAIS T'APPRENDRE!
ALLEZ!... VENEZ TOUS NOUS AIDER!
CHEF!... PRENEZ- ÇA!... DOUCEMENT!... ELOIGNEZ-VOUS VITE!...
?
CIEL!... DE LA NITROGLYCÉRINE*! MALHEUREUX!... DE QUOI FAIRE SAUTER LA VIILLE ENTIÈRE!...
NITROGLYCERINE
*LE PLUS PUISSANT EXPLOSIF DE L'ÉPOQUE
ET AUSSITÔT...
VA-T'EN! TU ES UN DANGER... UNE CATASTROPHE PUBLIQUE! LA COMPAGNIE ME DÉCORERA POUR T'AVOIR RENVOYÉ.
ET TOM PART A' L'AVENTURE...
4A
LE LENDEMAIN, IL ARRIVE EXTENUÉ A' LA GARE DE MOUNT-CLEMENS... LA', SOUDAIN...
MAIS... IL VA...
OH?... MON ENFANT!
VITE!
OH... TOUS DEUX... ILS SONT ÉCRASÉS!...
SAUVÉ!!!... IL A SAUVÉ MON FILS!...
4B
COMMENT VOUS REMERCIER, JEUNE HOMME... JE SUIS PAUVRE...
JE... JE NE DEMANDE RIEN...
UNE IDÉE... JE PEUX VOUS APPRENDRE UN MÉTIER QUI PAYE BIEN... LA TÉLÉGRAPHIE. VOULEZ-VOUS?
MAGNIFIQUE! J'ACCEPTE!
LA TÉLÉGRAPHIE VA LE PASSIONNER... IL VA DEVENIR LE TÉLÉGRAPHISTE LE PLUS RAPIDE MAIS AUSSI LE PLUS TERRIBLE DES ETATS-UNIS. ON LE SURNOMMERA: LE TÉLÉGRAPHISTE CATASTROPHE!... MAIS IL SE FAIT TARD... JE VOUS CONTERAI SES EXPLOITS LA PROCHAINE FOIS...
4C

LE TÉLÉGRAPHISTE CATASTROPHE

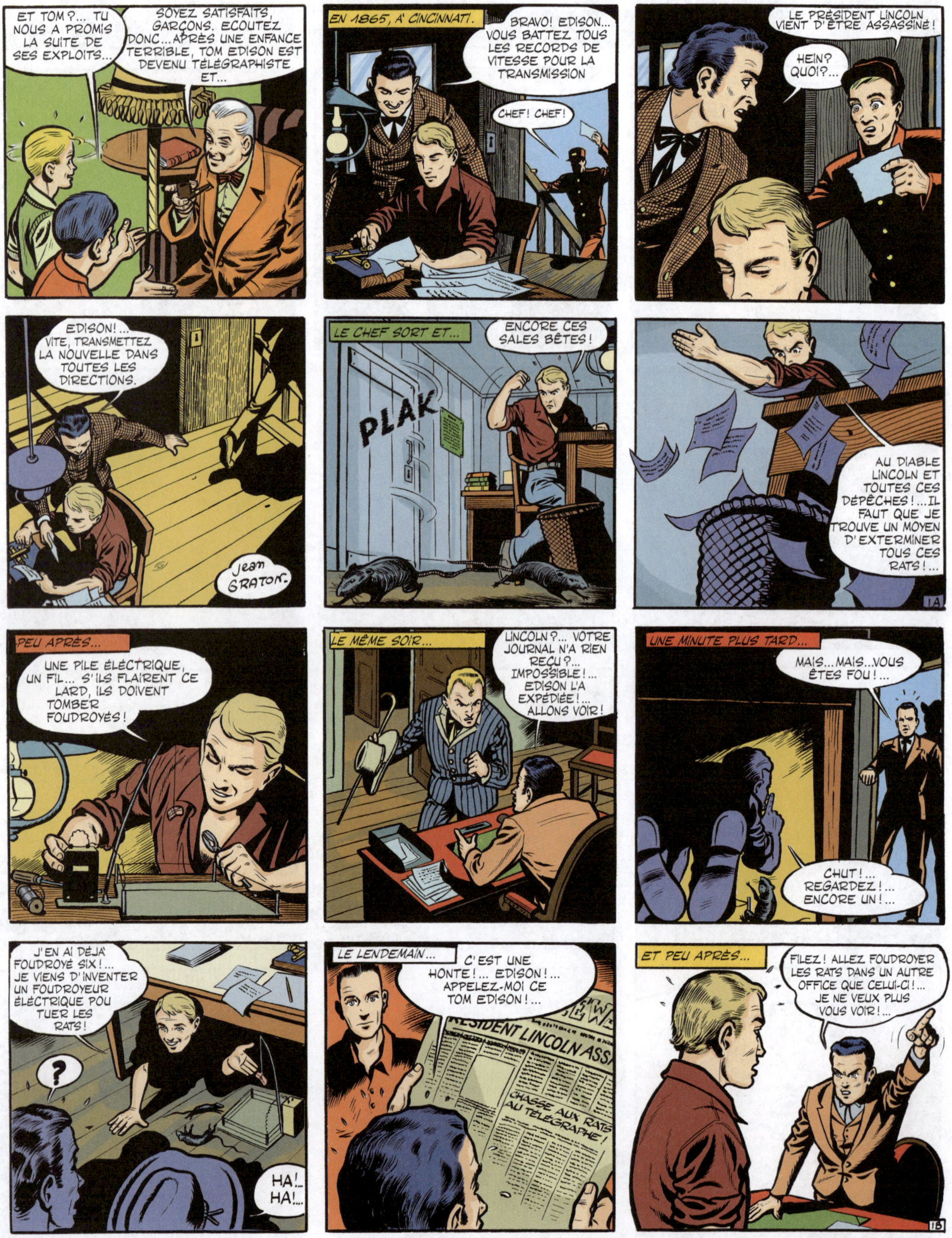

AU CANADA, UN MOIS PLUS TARD.
A MIDI, JE DOIS SIGNALER L'EXPRESS !... J'AI TOUT LE TEMPS DE VOIR CE QUE CET EMETTEUR A DANS LE VENTRE !
A MIDI...
TÛÛÛT... TÛÛÛÛT...
C'EST MAL FICHU... JE POURRAI RUDEMENT AMÉLIORER TOUS CES APPAREILS !
PRESQUE AUSSITÔT, UN PEU PLUS LOIN SUR LA LIGNE
L'EXPRESS ! VITE !... LES FREINS !...
TONNERRE ! ON NE L'A PAS SIGNALÉ !
TROP TARD ! LA CATASTROPH EST INÉVITABLE !
DANS UN FRACAS TERRIFIANT...
BANG
AU SECOURS !
A MOI !
ON DÉRAILLE !...
CRRRAAAAAA
2A
TOM EST CONVOQUÉ SUR-LE-CHAMP AU SIÈGE DE LA COMPAGNIE.
PAS DE BLESSÉS ? NON !... MAIS VOUS AVEZ MIS DES VIES EN PÉRIL !...
JE VAIS VOUS FAIRE ARRÊTER !... VOUS AUREZ CINQ ANS !
CHEF !... LE SHERIF EST LÀ !
CIEL !
JE VAIS LUI PARLER !
EN PRISON ! JE NE POURRAI RIEN Y INVENTER... SI JE POUVAIS FILER... LÀ !... UNE FENÊTRE OUVERTE...
FILONS PENDANT QU'ILS SONT SORTIS !... UN TRAIN ! IL ROULE VERS LA FRONTIÈRE !...
L'ATTEINDRAI-JE SANS ME FAIRE VOIR ?...
SAUVÉ ! OUF ! J'AI EU CHAUD, VIVEMENT HORS DU CANADA !
2B

TOM RETROUVE UN POSTE AUX ETATS-UNIS. SA RÉPUTATION L'A PRÉCÉDÉ.
CABINE 18 !... POUR VOUS EMPÊCHER DE DÉMONTER VOTRE APPAREIL, VOUS M'ENVERREZ TOUTES LES DEMI-HEURES LE SIGNAL A*.
BIEN.
* UN POINT-UN TRAIT
TOUTES LES DEMI-HEURES !... IMPOSSIBLE DE TRAVAILLER À MES EXPÉRIENCE. COMMENT FAIRE ?
5 JOURS PLUS TARD AU BUREAU CENTRAL...
MERVEILLEUX, CE TOM EDISON ! SON SIGNAL A, JAMAIS UNE SECONDE DE RETARD.
IL CHERCHE À SE RACHETER.
ET CE SOIR LÀ, LE CHEF DU RÉSEAU...
JE NE L'AI PAS PRÉVENU... MES FÉLICITATIONS SERONT POUR LUI UNE HEUREUSE SURPRISE.
5 MINUTES PLUS TARD
QUOI ? PERSONNE ? MAIS QUI ENVOIE LE SIGNAL A ?...
TONNERRE !... C'EST LE RÉVEIL !... CE TOM IRA LOIN, MAIS PAS CHEZ NOUS !... OÙ EST-IL ?...
DING
TAC... TAAAAAC
3A
DES ACIDES !... DES EXPLOSIFS !... UN LABORATOIRE !...
VERGIF
SPRIN
FILS DE L'ENFER !... NE REMETS PLUS JAMAIS LES PIEDS DANS NOTRE ADMINISTRATION !
IGNORANT !... IL N'A PAS TROUVÉ CE TÉLÉGRAPHE AUTOMATIQUE UNE INVENTION FORMIDABLE !...
TOM REPREND SA VIE ERRANTE !... SON INSTINCT LE POUSSE À NEW-YORK, MAIS...
PLUS UN SOU !... OÙ DORMIR ? OH !... UN SOUPIRAIL OUVERT !
THE GOLD EXCHANGE
AU MATIN...
ON EN FAIT DU CHAHUT LÀ-HAUT !... QUE SE PASSE-T-IL ?
PRENEUR À 100 !
PRENEUR À 110 !
VENDEUR À 130 !
C'EST UNE MAISON DE FOUS !...
3B

IL TOMBE EN PLEINE BOURSE DE L'OR...
JE SUIS RUINÉ !
JE FAIS FORTUNE !
111... 112... 113,50... 115... 116...
?
116... QUE ?... QUOI ?... CIEL !... LE TICKER* EST BLOQUÉ !... LES ÉLECTRICIENS, VITE !...
*ENREGISTREUR AUTOMATIQUE DES COURS DE BOURSE.
IRRÉPARABLE ! IL EST FICHU !
C'EST UNE CATASTROPHE ! ... IL FAUT FERMER LA BOURSE !...
PERMETTEZ !... LE TOURNEVIS !...
MAIS !
LAISSEZ-LE FAIRE !...
?
CETTE VIS DOIT ÊTRE DESSERRÉE !... LE COURANT NE PASSE PLUS !
?
?
4A
IL FONCTIONNE !
HOURRA !
BRAVO !...
DANS MON BUREAU JEUNE HOMME !...
5 MINUTES PLUS TARD.
CHEF ÉLECTRICIEN DU GOLD EXCHANGE DE NEW-YORK. 300 DOLLARS PAR MOIS. CELA VOUS VA-T-IL ?...
OH... OH MONSIEUR !
VOTRE TICKER NE VAUT RIEN !... JE VAIS VOUS EN INVENTER UN AUTRE !...
TENEZ !... ALLEZ D'ABORD VOUS VÊTIR... ET MANGER...
TROIS JOURS ET TROIS NUITS, TOM TRAVAILLE SANS DÉSEMPARER AU NOUVEL APPAREIL.
TERMINÉ !... ET PARFAIT ! ...MA PREMIÈRE GRANDE INVENTION !... JE NE LA LÂCHE PAS À MOINS DE 5.000 DOLLARS !...
4B
ET...
5.000 ? VOUS VOULEZ RIRE MON PAUVRE AMI ! JE VOUS L'ACHÈTE 40.000 DOLLARS !
OH !... LAISSEZ-MOI VOUS EMBRASSER !
C'ÉTAIT ASSEZ POUR MONTER UN LABORATOIRE, S'ADJOINDRE DES MATHÉMATICIENS... THOMAS EDISON EST EN ROUTE POUR SES GRANDES INVENTIONS : TÉLÉGRAPHE, DUPLEX, MICRO, TÉLÉPHONE, PHONOGRAPHE, LAMPE ÉLECTRIQUE...
ET EN ROUTE POUR LA GLOIRE, CAR IL DEVIENDRA UN DE NOS PLUS GRANDS INVENTEURS. VOUS VOYEZ, GARÇONS, QUE MÊME LES ENFANTS TERRIBLES PEUVENT ARRIVER LOIN... QUAND ILS TRAVAILLENT...
4C

POÈTES ENNEMIS

MALHEUR !... LES QUAIS SONT SURVEILLÉS !
CACHONS-NOUS DANS CE HANGAR EN ATTENDANT LA NUIT.
LES FRANÇAIS N'AIMENT PAS CROMWELL !... ILS NOUS AIDERONT
S'ILS N'ONT PAS LEVÉ L'ANCRE !
LA NUIT EST VENUE...
LA PATROUILLE VIENT DE PASSER. LE BATEAU EST TOUJOURS LÀ !
ALLONS-Y !... C'EST NOTRE DERNIÈRE CHANCE.
ET UN PEU PLUS TARD...
NOUS SOMMES PASSÉS ! CHUT !... PAS DE BRUIT.
AUCUNE IMPORTANCE !... NOUS SOMMES SAUVÉS !
BIZARRE !... PAS UN CHAT !
DES PAS !... ON VIENT...
??!!?? QUE... QUOI ? QUE SIGNIFIE ?
?
DES RÉPUBLICAINS ANGLAIS !
ENCORE DES ROYALISTES !... LE PIÈGE EST BON... ILS SE FONT TOUS PRENDRE.
LE VAISSEAU EST ANGLAIS MESSIEURS !
...AH ! AH !...NOUS AVONS ARBORÉ UN PAVILLON FRANÇAIS POUR VOUS ATTIRER.
MISÉRABLES !
DANS LA CALE !... AVEC LES AUTRES !... ET DEMAIN, EN ROUTE POUR LONDRES... ET L'ÉCHAFAUD !
ET LE LENDEMAIN...
BEAU GIBIER ! PROFITEZ-EN !... C'EST VOTRE DERNIÈRE SORTIE.
A LONDRTES, LE TRIBUNAL DES SUSPECTS.
REGARDE, DAVENANT !... C'EST MILTON !
JE SUIS CÉLÈBRE !... IL DOIT M'ENVIER... IL ME CONDAMNERA SANS PITIÉ !

UN INSTANT PLUS TARD...
CELUI-LÀ ENFERMEZ-LE DANS UN SOLIDE CACHOT !... J'AI UN COMPTE PERSONNEL À RÉGLER AVEC LUI.
LE SOIR MÊME...
TIENS, MON BRAVE VA BOIRE À LA SANTÉ DES TÊTES QUI TOMBERONT DEMAIN...
OH, MERCI MILTON !
ET...
VOICI DONC LE GRAND DAVENANT SI CHER À CHARLES Ier
ENVOIE-MOI LE REJOINDRE.
TU ES FOU !... JE NE VOUDRAIS PAS PRIVER L'ANGLETERRE D'UN SI BON POÈTE...
?...
DES VÊTEMENTS D'OUVRIER !... JE VAIS T'AIDER À FUIR !...
NON !... JE NE PEUX ACCEPTER ! MALHEUREUX... SI CROMWELL L'APPRENAIT TU Y LAISSERAIS TA TÊTE.
ELLE VAUT MOINS QUE LA TIENNE ! UNE LETTRE POUR DES AMIS ! ILS TE CACHERONT.
UN MOMENT PLUS TARD...
VIENS ! J'AI ÉLOIGNÉ LE GARDE !
MERCI MILTON !... JE N'OUBLIERAI JAMAIS !
ET... 12 ANS PASSENT. CROMWELL EST MORT. LA ROYAUTÉ A REPRIS SON TRÔNE. LA SITUATION EST RENVERSÉE, ET CHARLES II...
VENGEONS MON PÈRE ! A MORT LES RÉPUBLICAINS !... QU'ON LES RECHERCHE ET QU'ON LES EXÉCUTE !
VIVE LE ROI !
TRAQUÉ À SON TOUR, MILTON, MALADE ET AVEUGLE, SE CACHE DANS UN GRENIER DE LONDRES. IL ACHÈVE D'Y DICTER À SES FILLES SON « PARADIS PERDU »*, MAIS...
RELIS-MOI CE PASSAGE, VEUX-TU ?
HÉLA !
*ŒUVRE CAPITALE DE MILTON.
IL FAUT ME PAYER !... OU CHERCHER UNE AUTRE CACHETTE !... JE COURS TROP DE RISQUES.
NOUS N'AVONS PLUS UN SOU !

UN MOMENT APRÈS...
QUE FAIRE ?
TENEZ, MES CHÈRES FILLES, IL EST FINI... TÂCHEZ DE TROUVER UN ÉDITEUR.
PARADISE LOST
APRÈS DE VAINES RECHERCHES, UN SOIR...
JE L'AI PARCOURU... ÇA NE VAUT PAS GRAND-CHOSE... JE VOUS EN OFFRE 10 LIVRES*.
J'... J'... J'ACCEPTE.
(*) SOMME DÉRISOIRE. «PARADIS PERDU» ALLAIT DEVENIR UN CHEF D'ŒUVRE DE LA LITTÉRATURE ANGLAISE
PAS DE NOM D'AUTEUR... SUIS LA... CES VERS NE PEUVENT ÊTRE QUE DE MILTON !
ET...
C'EST LÀ !
PEU APRÈS, AU PALAIS...
QUE DITES-VOUS ? ...MILTON?... AH, ENFIN! NOUS LE TENONS ! QU'ON L'EXÉCUTE SUR-LE-CHAMP !
LA MAISON DU FOND !... IL EST LÀ !...
MILTON EST PRIS AU GÎTE. ET...
À MORT !
AU BOURREAU !
OUI DAVENANT. C'EST MILTON !... ILS L'ONT RETROUVÉ... IL EST AVEUGLE
CIEL !
PEU APRÈS, AU PALAIS...
...IL T'A SAUVÉ LA VIE... ET TU ÉTAIS UN AMI DE MON PÈRE... NON !... IL DOIT MOURIR.
PRENEZ GARDE ! LES ROIS MEURENT, LES POÈTES SURVIVENT...
PENDANT CE TEMPS...
A MORT MILTON !...
A SON TOUR DE COLLER SA TÊTE CONTRE LE BILLOT.
CEPENDANT, DAVENANT A QUITTÉ LE PALAIS, ET...
ARRIVERAI-JE ENCORE À TEMPS ?
BOURREAU !... FAIS TON OFFICE !... COMME DISAIT TON GRAND AMI CROMWELL.
HALTE !... UN MOMENT... JE DOIS LUI LIRE LE JUGEMENT DU ROI !
CETTE VOIX... JE LA RECONNAIS...DAVENANT ! OH ! INGRATITUDE !... JE L'AI SAUVÉ... ET IL M'APPORTE L'ORDRE D'EXÉCUTION...
PAR ORDRE DU ROI... «JOHN MILTON EST LIBRE !... JE LUI FAIS GRÂCE !..» SIGNÉ : CHARLES II
DAVENANT !... COMMENT AI-JE PU DOUTER ?
DANS MES BRAS, MILTON... JE N'AI PAS OUBLIÉ !

LE TOUMELIN

ALORS LES EXPLORATEURS S'APPRÊTENT? C'EST LE DÉPART POUR LA GRANDE AVENTURE?...
NE TE MOQUE PAS... NOUS ALLONS CAMPER!...
ET POUR L'AVENTURE NOUS POUVONS REPASSER... TOUT A ÉTÉ DÉCOUVERT... ON NE NOUS A RIEN LAISSÉ... DES AVENTURES?... NOUS N'EN VIVRONS JAMAIS!...
DÉTROMPEZ-VOUS GARÇONS!... L'AVENTURE EST DE TOUS LES TEMPS!... DEMAIN VOUS EXPLOREREZ LES PLANÈTES ET AUJOURD'HUI, LE TOUMELIN!... 1022 JOURS ENTRE CIEL ET EAU? CE N'EST PAS UNE AVENTURE, CELA?...
19 SEPTEMBRE 1949... SUR LE QUAI DÉSERT DU CROISIC...
RENONCE À CETTE FOLIE!
PARDONNE-MOI MAMAN... JE RÊVE D'ÉCOUTER MARCHER LE CIEL DANS LA NUIT DES TROPIQUES.
COMME JE LE COMPRENDS!
NE PLEUREZ PAS, MA BONNE DAME. ON CROIRAIT QU'IL PART POUR LE TOUR DU MONDE...
LE PÈRE DE LE TOUMELIN EST UN ANCIEN CAPITAINE DE VOILIER
JUSTEMENT, C'EST LÀ QU'IL VA...
HOTEL
JACQUES-YVES LE TOUMELIN, 32 ANS, UN BRETON TÊTU. IL N'EST PAS FOU IL CONNAIT LA MER, SES RISQUES, SES DRAMES. MAIS LA GRANDE AVENTURE LE TENTE.
ET MAINTENANT, À DIEU VA!
CARACTÉRISTIQUES DU BATEAU "LE KURUN" (LE TONNERRE EN BRETON) PETIT VOILIER 07 COTREFRANC. 10 M DE LONG. 3M50 DE LARGE. 17 MÈTRES CARRÉS DE VOILURE. NI MOTEUR, NI RADIO.
1ER OCTOBRE MINUIT...
ILS SONT AMUSANTS CES MARSOUINS... MAIS?... QU'EST-CE QUE C'EST?
KURUN
UNE ÉNORME TACHE PHOSPHORESCENTE FONCE SUR LE "KURUN"...
CIEL!... UN BALÉNOPTÈRE*! IL VA ME FAIRE CHAVIRER.
*GRAND CÉTACÉ.
POURVU QUE MA COQUILLE DE NOIX TIENNE LE COUP...
OUF!... J'AI EU CHAUD!...

IL ATTEINT LE MAROC, OÙ IL HIVERNE... IL RENCONTRE PAUL FARGUE, 25 ANS, ANCIEN SCOUT...
TU RÊVES DE VOIR TAHITI ?... VIENS AVEC MOI... JE T'EMMÈNE !
ILS PARTENT LE 3 AVRIL 1950...
CAP SUR LES CANARIES !
MAIS LA NAVIGATION DE VOILE EST L'ÉCOLE DE LA PATIENCE. BIENTÔT...
CALME PLAT ! IMPOSSIBLE D'AVANCER... ET CELA PEUT DURER DES JOURS.
ET AVEC CES REQUINS QUI NOUS GUETTENT...
11 AVRIL EN PLEIN OCÉAN...
TIENS !... CE VIEUX BATEAU A L'AIR ABANDONNÉ. ETRANGE... APPROCHONS !
QUE... QUOI ?... MAIS BON DIEU, ON NOUS BOMBARDE !...
MALHEUR !... CETTE ÉPAVE EST UNE CIBLE... NOUS SOMMES DANS LE CHAMP DE TIR DE NAVIRES DE GUERRE !... VITE... FILONS !..
2A
PUIS CE SONT DES JOURS DE TEMPÊTE ET DE PLUIE DILUVIENNE. UNE NUIT...
LA FOUDRE !...
ELLE A FAILLI TOMBER SUR LE "TONNERRE"... SANS JEU DE MOTS.
A L'ESCALE DES CANARIES...
FRANÇAIS ?... NOUS ALLEMANDS !... MÜLLER... MA FILLE AGA... DEMAIN NOUS PARTONS POUR L'AMÉRIQUE DU SUD.
SUR CETTE COQUILLE ?... MAIS... C'EST UN SIMPLE CANOT PONTÉ... VOUS N'Y ARRIVEREZ JAMAIS !...
IL LE FAUT !...
L'ATLANTIQUE !... LE "KURUN" ESSUIE TEMPÊTE SUR TEMPÊTE !
VOULEZ-VOUS MONTER À BORD ?
NON MERCI. AVEZ-VOUS DES NOUVELLES FRAÎCHES ?
VOUS ÊTES LES FOUS DE LA MER !... NE FAITES PAS COMME MÜLLER !... IL A PÉRI LA NUIT DERNIÈRE... ON A PU SAUVER SA FILLE...
LE MALHEUREUX !
30 JOURS D'ESCALE À LA MARTINIQUE... PUIS ILS REPARTENT... UNE NUIT...
REGARDE !... LÀ ! DES SOUCOUPES VOLANTES !...
DES MÉTÉORITES, SANS DOUTE
2B

ILS APPROCHENT DE PANAMA. ET UN PATROUILLEUR MILITAIRE...
D'OÙ VENEZ-VOUS ?
DE FRANCE !...
LA BONNE BLAGUE !...
FARCEURS !... METTEZ VOTRE MOTEUR EN MARCHE POUR RENTRER DANS LE CANAL !...
NOUS N'EN AVONS PAS !...
C'EST VRAI !... NOUS VENONS DE FRANCE À LA VOILE !...
SOYEZ SÉRIEUX ! C'EST L'ARMÉE QUI VOUS PARLE !...
MAIS IL FALLUT BIEN SE RENDRE À L'ÉVIDENCE.
MAIS IL DISENT VRAI !... BRAVO GARÇONS !...
ET C'EST LE CANAL AVEC SUR SES RIVAGES, LA FORÊT TROPICALE ET VIERGE... ET DE L'AUTRE CÔTÉ...
SALUT !... PACIFIQUE !...
ILS S'Y ÉLANCENT ET... TREIZIÈME JOUR D'UNE TEMPÊTE EFFROYABLE !
JE N'EN PUIS PLUS. JE SUIS EXTÉNUÉ !
IL FAUT TENIR OU NOUS SOMMES PERDUS ! CIEL ! LA MÂTURE CÈDE...
3A
SI ELLE CASSE ET NOUS FAIT CHAVIRER NOUS SERONS DÉVORÉS PAR LES REQUINS !
TIENS PRENDS LA BARRE. JE VAIS TÂCHER DE LA RÉPARER.
JAMAIS JE N'Y ARRIVERAI !...
APRÈS D'EXTÉNUANTS EFFORTS...
J'Y SUIS PARVENU ! NOUS SOMMES SAUVÉS !
POUR L'INSTANT, DU MOINS...
PUIS, C'EST L'ENCHANTEMENT DES MERS DU SUD...
TAHITI !... TOUT LE MONDE DESCEND... J'Y SUIS ARRIVÉ SAIN ET SAUF !... MERCI LE TOUMELIN.
LÀ LES DEUX AMIS SE SÉPARENT.
C'EST DÉCIDÉ !... JE RESTE... BONNE CHANCE POUR LA SUITE DE TON VOYAGE. BON RETOUR EN FRANCE !
ET LE TOUMELIN REPART, INFATIGABLE, À TRAVERS OURAGANS ET TEMPÊTES... MAIS LE 15 JUILLET 1951, AU LARGE DE L'AUSTRALIE...
CETTE FOIS, C'EST LA FIN... ADIEU, LA FRANCE !...
3B

DES MOIS... UNE ANNÉE PASSE ENCORE... EN EUROPE ON EST SANS NOUVELLES DE LE TOUMELIN. OÙ EST-IL?... QUELQUE PART SUR UN OCÉAN... OU EN DESSOUS !... DIEU SEUL LE SAIT !... 3 ANS SE SONT ÉCOULÉS DEPUIS SON DÉPART DU CROISIC.
LE 7 JUILLET 1952...
LÀ ! UN COTRE !... IL DEMANDE L'ENTRÉE DU PORT !
MAIS... PAROLE... ON DIRAIT LE "KURUN" !...
ET AUSSITÔT...
LE TOUMELIN EST DE RETOUR !... LE TOUMELIN EST DE RETOUR !...
BIENTÔT TANDIS QUE LES CLOCHES DU CROISIC SONNENT À TOUT VOLÉE...
MADAME LE TOUMELIN !... VOTRE GARS EST DE RETOUR.
DIEU SOIT LOUÉ !... JACQUES-YVES EST VIVANT !...
TANDIS QUE LE TOUMELIN - CAR C'EST BIEN LUI - ACHÈVE DE BOUCLER TRIOMPHALEMENT SON TOUR DU MONDE...
LE CROISIC
VIGO
PEDALA
Î. CANARIES
MARTINIQUE
Î. MARQUISES
TAHITI
EL GALAPAGOS
ST. HELENA
BURBAN
LE CAP
REUNION
Î. DES COCOS
Pt MORESBY
4A
EMPORTANT SON PÈRE ET SA MÈRE, LA BARQUE "L'INDOMPTABLE" PART À LA RENCONTRE DU HÉROS DU JOUR.
ENFIN MON ENFANT !...
ET BIENTÔT...
MON FILS !... TU AS RÉUSSI... COMME JE SUIS FIER DE TOI !...
KURUN
MAMAN !... JE POUVAIS ENCORE TENIR... MAIS C'EST SI BON DE SE REVOIR !...
ET PEU APRÈS C'EST L'ACCOSTAGE TRIOMPHAL AU QUAI MÊME QU'IL A QUITTÉ VOICI UN PEU MOINS DE 3 ANS.
HOURRA !...
BONJOUR !... ME REVOILÀ !... MAIS VOUS M'EN FAITES UNE RÉCEPTION !... C'EST GENTIL À VOUS !
VIVE LE TOUMELIN !
Jean GRATON
GRAND DANS LA LUTTE, MODESTE DANS LA VICTOIRE, JACQUES-YVES LE TOUMELIN DEVIENT, PAR SON MAGNIFIQUE EXPLOIT UNE DES PLUS BELLES FIGURES DE LA MARINE FRANÇAISE ET UN SPLENDIDE EXEMPLE DE TÉNACITÉ, D'ENDURANCE ET DE VOLONTÉ POUR TOUTE LA JEUNESSE.
4B

LE BRÉSIL EST MALADE

UN JEUNE DOCTEUR BRÉSILIEN, OSVALDO CRUZ, SE FAISAIT REMARQUER PAR SES THÉORIES RÉVOLUTIONNAIRES...
LES RATS SONT LES AGENTS DU MAL !...
NOUS DEVONS DEMANDER L'APPUI DES SERVICES MUNICIPAUX POUR LA DÉRATISATION DES VILLES.
DANS LE BUREAU DU CHEF DES SERVICES MUNICIPAUX...
DOCTEUR CRUZ !... VOUS AVEZ TOUJOURS DE DRÔLES D'IDÉES ! VOUS NE CROYEZ PAS QUE NOUS ALLONS NOUS AMUSER À CHASSER LES RATS, MAINTENANT ?...
ET PENDANT CE TEMPS...
MAIS LE DOCTEUR CRUZ...
ÉCOUTEZ-MOI TOUS !...
2A
JE DONNERAI UNE PRIME À TOUS CEUX QUI M'APPORTERONT UN RAT MORT !...
IL EST FOU !... MAIS S'IL PAIE COMPTANT, ON LUI EN DONNERA DES RATS...
PEU DE TEMPS APRÈS...
LA PESTE BUBONIQUE FUT BIENTÔT VAINCUE. MAIS UN NOUVEAU FLÉAU ALLAIT S'ABATTRE SUR LE BRÉSIL, LA FIÈVRE JAUNE. LE PRÉSIDENT DE L'ÉTAT, RODRIGUEZ ALVES FIT APPEL AU DOCTEUR CRUZ...
MONSIEUR LE PRÉSIDENT, JE M'ENGAGE À DÉBARRASSER RIO DE LA FIÈVRE JAUNE EN TROIS ANS !...
JE SUIS CERTAIN QUE LES MOUSTIQUES SONT LA CAUSE DE CETTE HORRIBLE MALADIE !...
2B

LA PRESSE EST HOSTILE...
REPUBLIC'I BRAZILEIR
PORTEZ AU DOCTEUR CRUZ UN SAC DE MOUSTIQUES?
VOUS SEREZ LARGEMENT RÉCOMPENSÉS ET À L'ABRI DE LA FIÈVRE JAUNE
LE DOCTEUR CRUZ FIT APPEL AUX ENFANTS DES ÉCOLES POUR MENER SON PROJET À BONNE FIN.
DONC, MES AMIS, VOUS AVEZ BIEN COMPRIS... SITÔT LE SOIR, VOUS GLISSEREZ CES TRACTS SOUS CHAQUE PORTE !
CETTE NUIT-LÀ...
ET AU MATIN...
?
DÉSINFECTEZ VOS MAISONS ! EXTERMINEZ LES MOUSTIQUES ! DEVENEZ VOLONTAIRES DANS LA LUTTE CONTRE LA FIÈVRE JAUNE ! ADHÉREZ À LA BRIGADE DU DOCTEUR CRUZ !
MALGRÉ L'HOSTILITÉ DU PUBLIC EN 1904, LES BRIGADES DE CRUZ PATROUILLENT LA VILLE.
3A
FAISANT SAUTER À LA DYNAMITE LES MAISONS CONDAMNÉES POUR RAISONS SANITAIRES...
TOUT CELA, DEVANT L'HOSTILITÉ CROISSANTE DU PEUPLE...
HOSTILITÉ QUI PRIT BIENTÔT L'ALLURE D'UNE RÉVOLUTION...
A BAS OSVALDO CRUZ !...
A BAS LE PRÉSIDENT ALVES !...
3B

Dr CRUZ... Dr CRUZ... LA POPULATION DE RIO EST SUR PIED DE GUERRE... SAUVEZ-VOUS !...
?!
LA PLUS GRANDE CONFUSION RÉGNAIT AU SEIN DU CONGRÈS...
A BAS CRUZ !... NOUS VOULONS LA DÉMISSION DU PÉRSIDENT... ILS DÉTRUISENT NOS VILLES !
ÉDITION SPÉCIALE !... LE DR CRUZ ET LE PRÉSEIDENT ALVES ENNEMIS DU PEUPLE !
DANS LE BUREAU DU PRÉSIDENT ALVES...
DOCTEUR CRUZ !... JE REFUSE VOTRE DÉMISSION NOUS TOMBERONS ENSEMBLE, S'IL LE FAUT.
MONSIEUR LE PRÉSIDENT !... LES CADETS DE L'ÉCOLE MILITAIRE CONDUITS PAR LES GÉNÉRAUX REBELLES ATTAQUENT LE PALAIS !...
4A
A MORT ALVES !...
A MORT CRUZ !...
ILS L'AURONT VOULU !... QUE LES TROUPES RÉGULIÈRES OUVRENT LE FEU !...
LES TROUPES GOUVERNEMENTALES RÉTABLIRENT L'ORDRE. DANS L'INTERVALLE A RIO LE NOMBRE DES VICTIMES DE LA FIÈVRE JAUNE DIMINUAIT RAPIDEMENT. EN 1927 LA FIÈVRE N'ÉTAIT PLUS QU'UN SOUVENIR. CRUZ AVAIT TENU PAROLE.
LA POPULATION RECONNAISSANTE ACCEPTA DÉSORMAIS TOUTE MESURE SANITAIRE IMPOSÉE PAR CRUZ.
LE CITOYEN LE PLUS EXÉCRÉ DE RIO MOURUT EN 1916, COMBLÉ D'HONNEUR, ET LE BRÉSIL RECONNAISSANT N'OUBLIA JAMAIS L'HOMME QUI AVAIT SAUVÉ SA DESTINÉE...
PAS LA PEINE D'EN DIRE PLUS ONCLE PAUL, ON IRA SE FAIRE VACCINER !...
4B

LA VRAIE HISTOIRE DE ROBINSON

IGNORÉ DU MONDE ENTIER, SELKIRK A COMMENCÉ À FAIRE FACE À SON AFFREUSE SOLITUDE.
HEUREUSEMENT, CETTE ÎLE ABONDE DE CHÈVRES
JE M'EN NOURRIRAI... MAIS COMMENT LES TUERAI-JE QUAND JE N'AURAI PLUS DE POUDRE ?
L'ÎLE N'EST HÉLAS PAS PEUPLÉE QUE DE CHÈVRES... ET LA HUTTE ACHEVÉE...
CIEL DES RATS !... UNE VÉRITABLE INVASION... SI JE M'ENDORS, ILS ME DÉVORERONT
ET DURANT TOUTE LA NUIT...
SI ILS REVIENNENT LES PROCHAINES NUITS, JE NE TIENDRAI PAS LE COUP ET DANS UN ARBRE, JE NE SERAI PAS MIEUX À L'ABRI !
MAIS, LE LENDEMAIN...
OH !... QUELLE CHANCE !... CES RATS ONT ÉTÉ AMENÉS ICI PAR QUELQUE NAVIRE ET S'Y SONT MULTIPLIÉS, LES CHATS L'ONT FAIT AUSSI.
TACHONS DE NOUS EN FAIRE DES ALLIÉS... PAS FACILE... ILS SONT À DEMI SAUVAGES... MIAOU... MIAOU...
IL Y PARVIENT CEPENDANT ET, AVEC EUX...
SUS AUX RATS !
SI UN JOUR JE MANQUE DE CHÈVRES, JE POURRAI TOUJOURS MANGER MES CHATS !
MAIS C'EST LA POUDRE QUI MANQUE BIENTÔT.
INUTILE... SI JE NE PARVIENS PAS À LES ATTRAPER À LA COURSE, JE SUIS PERDU !
ET...
JAMAIS JE NE POURRAI !...
ELLE EST ARRÊTÉE !... C'EST LE MOMENT !
MAIS...
2

IL RESTE LÀ, INANIMÉ PENDANT PLUS DE 24 HEURES... ENFIN...
QUE S'EST-IL PASSÉ ?... AH ! OUI... TUÉE !... ELLE AURA AMORTI MA CHUTE...
TOUS MES OS DOIVENT ÊTRE BRISÉS... PARVIENDRAI-JE JAMAIS À MA HUTTE ?
IL ARRIVE À FORCE D'EFFORTS SURHUMAINS ! IL RESTE 8 JOURS ÉTENDU...
RIEN DE CASSÉ ! UN VRAI MIRACLE ! TÂCHONS DE NOUS REMETTRE DEBOUT !
IL GUÉRIT, S'ENTÊTE, APPREND À CAPTURER LES CHÈVRES À LA COURSE. MAIS, CHAQUE JOUR...
JAMAIS UNE VOILE... NE DÉSESPÉRONS PAS... DIEU PRENDRA UN JOUR PITIÉ DE MA SOLITUDE.
DES MOIS, DES ANNÉES PASSENT... IL A FINI PAR APPRIVOISER DES BÊTES ET...
ET DIEU FIT LES BÊTES DE LA TERRE SELON LEUR ESPÈCE ET IL LEUR DIT...
UN MATIN...
UN NAVIRE !... IL A DU JETER L'ANCRE CETTE NUIT !... JE SUIS SAUVÉ !
HORREUR !... DES ESPAGNOLS !... S'ILS SONT TOUJOURS EN GUERRE AVEC L'ANGLETERRE, ILS VONT ME TUER !
LÀ !... ON NOUS OBSERVE !
SUR CETTE ÎLE ? CE NE PEUT ÊTRE QU'UN ESPION ANGLAIS !... TIRONS DESSUS !
IL SIGNALE AUX VAISSEAUX ANGLAIS LE PASSAGE DES NÔTRES. TUEZ-LE !... IL NE FAUT PAS QU'IL NOUS ÉCHAPPE !
3
ILS ORGANISENT UNE IMMENSE BATTUE, MAIS...
NOUS AVONS FOUILLÉ L'ÎLE... IL EST INTROUVABLE !
BRÛLEZ SES INSTALLATIONS !

EMPORTEZ SES RÉSERVES !... IL MOURRA DE FAIM AVANT QUE LES SIENS VIENNENT LE RAVITAILLER...
TOUT EST À REFAIRE.
IL LE REFAIT... À NOUVEAU, LES ANNÉES PASSENT...
REVERRAIS-JE JAMAIS MA PATRIE ?
APRÈS UN ABOMINABLE EXIL DE 4 ANS ET 4 MOIS, UN JOUR, ENFIN...
UN VAISSEAU DU TYPE ANGLAIS ! VITE... UN FEU ! ... LE VERRA-T-IL?
LE BÂTIMENT EST COMMANDÉ PAR LE CAPITAINE WOODES ROGERS...
FUMÉE SUR L'ÎLE JUAN FERNANDEZ ! ...
BIZARRE... ELLE EST INHABITÉE
PAS DE FUMÉE SANS FEU ! ... PAS DE FEU SANS HOMME ! ... QUELQUE NAUFRAGÉ, PEUT-ÊTRE !
CAP SUR L'ÎLE, PAREZ À METTRE UN CANOT À LA MER ! ...
APERÇU ! ... ILS M'ONT APERÇU ! ... DIEU SOIT LOUÉ !
CETTE FOIS, C'EST BIEN LE SALUT ! ...
MAIS... C'EST... C'EST UN SAUVAGE ! ?
JE SUIS ANGLAIS !
ET PEU APRÈS...
4 ANS ET 4 MOIS !?... MON PAUVRE AMI ! ... COMMENT AVEZ-VOUS PU SURVIVRE ? ...
GRÂCE À CE LIVRE !
4
CE NAVIRE LE RAMÈNE EN ANGLETERRE. LE CAPITAINE ROGERS CONSIGNE CETTE EXTRAORDINAIRE AVENTURE DANS SON JOURNAL DE BORD. CELUI-CI TOMBE SOUS LES YEUX DU ROMANCIER ANGLAIS, DANIEL DEFOE. ALEXANDRE SELKIRK VA DEVENIR IMMORTEL, SOUS LE NOM DE ROBINSON CRUSOE.

EVERLAST